マルチプル・インテリ

見つけ◦

JN114920

引き出そう

1人
ひとりの
子の才能
_{スマート}

言語

論理・
数学

自然

空間

音楽・
リズム

内省

人間関係

運動

ヒュバート・ウィンタース
イエナプラン専門教育学者

リヒテルズ 直子 訳

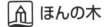

ほんの木

はじめに

原著版について

本書は、オランダにあるイエナプラン・アドバイス＆スクーリング社（JAS）が作成した、Meervoudige Intelligentie Waaier（マルチプル・インテリジェンス8つのスマートカード）の翻訳版です。イエナプラン・スクールの教員たちが教室で子どもたちと関わる際に、子どもたちの特性を早く見出し、まだ隠れている才能を引き出すことができるように、マルチプル・インテリジェンスの考え方をもとに考案されたツールの1つです。

マルチプル・インテリジェンスの考え方は、アメリカ合衆国のハーバード大学の教育学教授だったハワード・ガードナー（Howard Gardner）が開発・提唱したものです。マルチプル・インテリジェンスは日本語では「多重知能」と訳されることが多いようです。

マルチプル・インテリジェンスでは、人の才能を、言語、論理・数学、空間、自然、運動、音楽・リズム、人間関係、内省の8つの分野に分けて考えます。人の才能は、この、分野の異なる知能の組み合わせから成っていると考えるのです。ですから、子どもたちの才能も、1本の物差しで測るように比べ合うことはできないと考えます。つまり、教科学習の成績だけをみて「できる子」「できない子」に分けないということです。

　本書では、マルチプル・インテリジェンスの8つのインテリジェンスを〇〇スマートと呼び、それぞれについて、最初に短い解説（どんな人？　大きくなったらこんな仕事に？　どんな特徴？）が加えられています。まずは、どのスマートに関してもこれらを読んで、それぞれの像を捉えてください。

　各スマートについては、**アクティビティ、課題、発表のしかた**、学習コーナー／センターの4つの分野に分けて、教室で実践できるアイデアのヒントをあげています。

- それぞれのスマートを伸ばす**アクティビティ**の紹介。
- それぞれのスマートを引き出し、伸ばす**課題**。この課題は、グループリーダー（担任教員）が出すものです。子どもたちは、8つのスマートごとに用意された課題の中から、自分で選んで取り組みます。
- それぞれのスマートを引き出し、伸ばす**発表のしかた**。ここで紹介している事例を参考に、子どもたちが内容にふさわしい発表のしかたを自ら選んだり、あまり得意でない方法にも挑戦できるように、グループリーダーはアイデアを提供する役割を負います。
- 子どもたちが、自分で選び、学ぶ**学習コーナー／センター**の提案。マルチプル・インテリジェンスの考え方を参考にして、グループリーダーが出した課題の中から子どもたちが自由に選んで学ぶ習慣ができたら、次は、学習コーナー／センターの設置に取り組んでみましょう。教室の中や廊下の隅、場合によっては、校庭や特別の部屋などに学習コーナー／センターを設けます。それぞれの場所にはアクティビティを用意し、子どもたちが自ら関心のある場で、自分にふさわしいアクティビティに取り組めるように工夫しておきましょう。

　子どもたちそれぞれの得意なスマートがどこなのかがわかれば、グループリーダーは、そこを出発点にして、そこからさらに広く興味を持たせたり、今以上に多くのことを学べるように導いていくことができます。

　また、その子がまだあまり得意でなかったり、まだ引き出されていない分野のスマートにも興味を持つように、働きかけられるようにもなります。

　このときグループリーダーが考えなければならないことは、それぞれの子にはどんな学び方がふさわしいのか、子どもたちは、どうすれば、この世界が生きて変化していることに自ら気づき、何かを学びとり、その中で自分らしく生きていく方法を見出していくだろうか、ということなのです。

　そのためにグループリーダーは、それぞれの子が学びをより深く進められるように、常にわかりやすい、学びのためのはっきりとした枠組みを用意しておくことが必要です。

　グループリーダーが８つのスマートから何らかの課題を出す段階では、学習を主体的に企画しているのは、まだグループリーダーだと言えます。

　グループリーダーが複数の課題を用意することで、子どもたちに選択肢は生まれますが、それは、まだ、グループリーダーが企画の中心にいて、子どもたちは、そこから選んで取り組んでいる段階です。

　しかし、学習コーナー／センターの形式を取るようにすると、学習の主体的な企画者は、次第に、グループリーダーから子どもたちへと移っていきます。子どもたちは、より一層、自分の学びを自分で企画していく態度（学びのオーナーシップ）を養っていきます。（表『学習の主体がグループリーダーから子どもたちへ移行するプロセス』参照）

■ 学習の主体がグループリーダーから子どもたちへ移行するプロセス

学習の主な責任は、
グループリーダーに

学習コーナー／センターを
設置すると

学習の主な責任は、
子ども自身に

課題

子どもたちは、各スマートごとに
用意された課題の中から
選んで取り組む

子どもたちが何を発見し、何を経験し
なければならないかを決めるのは、
グループリーダー

学習コーナー／センター

どの学習コーナーやセンターに
行くのかを決めるのは、
子どもたち自身

何を学ぶかを決めるのは、
子どもたち自身

どの学習コーナー／センターに行けばよいかを、子どもたち自身が自分で考え、自分で方法を選びながら学びを進められるようにするには、子どもたちが、次のような「学びや探究のための問い」を持つように導けばよいでしょう。

- ボクは、ワタシは、何を学びたいのかな？（What？）
- それはどうやって学んだらいいのだろう？（How？）
- どの学習コーナー／センターに行けば、それができるだろう？（Where？）
- 誰か友だちと一緒に学ぶこともできるかな？（With whom？）
- この課題はいつまでに終わらせようか？（When？）
- 学んだことを、どんな方法で発表しようか？（Why and How？）

　グループリーダーは、教室で子どもたちの学びを支援するとき、このブックレットに書かれたアイデアをもとに、子どもたちの異なる才能に合わせたいろいろな学び方を選択肢として提供できるでしょう。

　特に、得意・不得意が異なる子どもたちが、一緒に同じことを学ぶときには、このブックレットの各スマートの課題からいくつか選んで、複数の課題カードを作っておきましょう。そうすれば、子どもたちは、それぞれその中から自分に合ったやり方を選んで学ぶことができます。

　このブックレットのタイトル『見つけよう、引き出そう　1人ひとりの子の才能（スマート）』は、まさしくイエナプランが目指すものです。このブックレットをぜひ授業中に、また授業を企画する際のアイデア集、手引書として大いに活用してください。

8つのスマート

言語スマート

どんな人？

言葉を使った活動が好き。人に話をしたり、言葉をもじった冗談を言ったり、議論や討論、詩や作文が好きで、スピーチなども得意。

大きくなったらこんな仕事に？

ジャーナリスト、詩人、哲学者、作家、翻訳家、ストーリー・テラー、ラッパー、通訳、国語や外国語の先生など。

どんな特徴？

・言葉や文章、口頭での説明をすぐに理解できる
・文章を読むのが好き
・言葉使いがうまい
・人の話によく耳を傾ける、人の話を聞くのが好き
・語句や綴りを覚えるのが上手
・自分の考えをうまく言葉にして言える
・語彙が幅広い
・言葉遊びが好き
・作文・詩作りなどが好き
・本や雑誌をもらうと喜ぶ

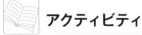

アクティビティ

このスマートを伸ばすアクティビティ

- 本・小説・詩・お話を読む
- 演劇のシナリオを読んだり作ったりする
- 詩・歌・俳句などを作る
- 手紙やマニュアル（何かの使い方）を書く
- 日記や記録を書く
- クロスワードパズルや類似語集め
- ある人の伝記や自伝を書く
- 新聞・雑誌記事や研究報告を書く
- 何かのキャッチコピーを書く
- スピーチの原稿を書いて話す
- 言葉の意味を調べたり覚えたりする
- 外国語を学ぶ
- 文法やスペリングの練習をする
- 電話やオンラインでのコミュニケーション方法を学ぶ

課題

このスマートを伸ばす課題

- スピーチ原稿を書く
- 自分で思いついたアイデアを文章にする
- ストーリーを作る
- 童話を作って書く
- 言葉を使った冗談を集める
- なぞなぞを探したり考えたりする
- 詩・歌・俳句などを作って書く
- コミュニケーションをする
- アイデアを交換する
- 議論や討論をする
- 新聞(壁新聞・ニュースレター)を作る
- ホームページを作って更新する
- 広告記事を作る
- 言語スマートだったと思われる有名な人について書く
- 時間配分をした計画書を作る

発表のしかた

このスマートをいかした発表のしかた

- 新聞や記事を配る

- 詩・歌・俳句・作文などを発表する

- みんなの前でスピーチをする

- 何かのテーマについて話したり、聞いている人と一緒に議論したりする

- 録音した話を再生して聞かせる

- 自分で作ったストーリーや本で読んだストーリーをみんなに読み聞かせる

- なぞなぞ・クイズなどを出す

- 自分で録音した人の話や音声をみんなに聞かせて誰の話なのか、何の音なのかなどを当てさせる

- みんなにホームページの作り方を教えて実際に作ってもらう

- 外国語で発表する

- 読んだ本の内容を発し感想を話す

- 電話での会話を実際にやって見せる

- 昔の人や今生きている人について話す

学習コーナー／センター

教室の中や外にこんなアイデアは？

- 教室の中の図書コーナー（好きな本を読んだり、何かのテーマについて調べたりする場所）

- リスニングコーナー（ヘッドフォンを使って、文学、詩、有名なスピーチなどを自由に聞ける場所）

- 時代・地域コーナー（学校のある地域について書かれた資料を自由に読める場所）

- 参考書コーナー（辞書や百科事典、子どもたちが今取り組んでいるテーマやプロジェクトに関連した資料を自由に読める場所）

- リーディング・アイランド（図書コーナーなどの近くに、ソファや絨毯、クッションなどを置いた、子どもたちが静かにリラックスして読書できる場所。おしゃべりは禁止）

- 相談コーナー（2人または数人で小声で計画したり議論したりできる場所）

言語

論理・数学

空間

自然

運動

音楽・リズム

人間関係

内省

論理・数学スマート

どんな人？

数で表された問題や、原因とその帰結の関係を考えたり、「もしこうだったら？」という問いについて理由を考えて説明することなどが好き。いつも何か問題が起きたらそれを解決できないかと考え、起きていることや状況を分析しようとする。抽象的なモデルを使うことも好き。

大きくなったらこんな仕事に？

数学者、物理学者や化学者、エンジニア、ＩＴ専門家、アナリストなど。

どんな特徴？

- 物事を秩序立てて学ぶ
- 数を取り扱うのが好き
- 分析力がある
- 算数や数学などで難しい計算問題を解くのが好き
- 計算が得意
- 論理や秩序や理由づけが好き
- 計画するのが好き
- 原因と結果の関係を考える
- 物事を論理的に整理する
- よく考え、作戦を立てるゲームが好き
- 問題が起きると解決したがる

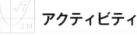

アクティビティ

このスマートを伸ばすアクティビティ

- データを分析する

- 他の人とブレーンストーミングする

- データを分類する

- 実演型の発表をする

- 何かのアイデアを評価する

- 仮説を立てて言葉に表す

- 抽象的な記号を使う

- 演繹法と帰納法を使って考える

- グラフや図を作る

- 暗号を解く

- 情報を応用する

- パズルをする

- 何かの実験をする

- 計算して答えを出す

- 実験したことを説明する

- 比較したことを書く

- 計算遊びをする

左端の縦書きラベル：言語／論理・数学／空間／自然／運動／音楽・リズム／人間関係／内省

課題

このスマートを伸ばす課題

- データを分析したり解釈したりする
- 論理的な順序立てを考える
- 問題の解決に取り組む
- ホームページを作る
- 何かの全体図を描く
- 時間の経過に沿って、物事の流れを作ったり書いたりする
- 質問リストやアンケートを作る
- 統計を作る
- コンピュータプログラムを作る
- 論理・数学スマートだったと思われる有名な人の伝記を書く
- 裁判のシミュレーションをしてみる
- 実験する
- 調査する
- 図表に表す

発表のしかた

このスマートをいかした発表のしかた

- 科学的なデモンストレーションをする

- 誰かのスピーチやプレゼンテーションの最も大事な点を示す

- 聴衆に何かの問題を解かせる

- 物事の類似や関係性を示して説明する

- グラフを使って説明する

- 何がどんな順序で起きたかを発表する

- 聴衆にコンピュータプログラムの使い方を説明し、実際にやってもらう

- 新しく自分で作ったウェブサイトについて発表する

- 実験を実演したり、録画で見せながら説明する

- 時間の経過による変化を示す

- コンピュータソフトを使って発表する

学習コーナー／センター

教室の中や外にこんなアイデアは？

- 数学ワールド（計算機、算数教材、はかりや物差しなどの数学で使われる道具を置いた、数学の問題を解くときに行ける場所）

- 考える帽子（これをかぶってじっくり深く考えることができるようにする。何か難しい問題が書かれたカードを一緒に置いておいてもよい。思考力の必要なパズルや問題、ミステリアスな出来事について探偵のように考える課題など）

- 時間コーナー（出来事が書かれたカードを置き、そこで、論理的な時間の順序に置き直す練習ができる場所）

- 実験室や実験コーナー（何かの実験を順序立てて行うための指導が受けられる。自由に実験してみることができるように、ビーカー、試験管、安全用眼鏡、白衣、虫眼鏡、顕微鏡などの道具や、実験結果を書き留めるための用紙なども置いた場所）

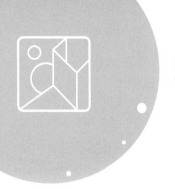

空間スマート

どんな人？

絵を書いたり造形をしたりするのが好き。道順を示したり、自分で探していくなど、方向感覚に優れている。もの作り、描画、色彩の組み合わせ、様々なものを自分なりの方法で組み合わせてみることなどが得意。

大きくなったらこんな仕事に？

建築家、デザイナー、造形家、装飾家、イラストレーター、ジュエリーデザイナー、美容師、カメラマン、出版デザイナーなど。

どんな特徴？

- よく観ることで学ぶ
- 生き生きとした想像力がある
- 何かの形や様子を、目の前にあるかのように想像できる
- 他の人がやって見せてくれるとわかりやすいと感じる
- 何かのイメージをよく記憶できる
- 方角に強い
- 人や場所や図式などをよく描く
- 何かを想像してさらに空想を膨らませることができる
- （教室や自分の部屋など）空間の内装やものの位置に興味がある
- 家の周りの道（近道など）をよく知っている

アクティビティ

このスマートを伸ばすアクティビティ

- 絵具や描画アプリを使う

- 本のイラストを描く

- 写真を撮る

- 遠近法、影、着色などの練習をする

- 絵葉書や切手をデザインする

- パンフレットやロゴをデザインする

- 衣服をデザインしたり装飾したりする

- 色を使って遊ぶ

- 映画やビデオを見る

- 何かを演じる

- グラフを使う

- ホームページのレイアウトのアプリを使う

- 大きさや距離を推定する

- 幾何学的な形を使って遊ぶ

- 迷路で遊ぶ

課題

このスマートを伸ばす課題

- 何かをデザインする

- ある物語のシーンを描く

- 3次元のものを作ったり描いたりする

- 地図を書き、ルートを示す

- 造形アート（オブジェ）を作る

- コラージュやモビールなどを作る

- 人形を作る

- 縮尺模型を作る

- のぞき箱を作る

- 壁を塗る

- 漫画の本を作る

- 雑誌を作る

- パンフレット、ロゴ、ポスター、Tシャツ、帽子などをデザインする

- 空間スマートだったと思われる誰か有名な人について書く

- アート作品を作る（デッサンや絵具を使って）

発表のしかた

このスマートをいかした発表のしかた

- 映画やビデオを再生して見せる

- デモンストレーションをする（実演する）

- グラフ、図式、カード、記号などを見せながら説明する

- 聴衆に何かを体現したり、何かになったフリをさせたりする

- 絵を使って説明する

- 視覚的なツールを使って説明する

- スクリーンでスライドやパワーポイントなどのプレゼンテーションを
  見せる

- 自分で作った地図を見せる

- 自分で作ったのぞき箱を見せる

- 自分で作った人形を使って人形劇をする

- アート作品を展示して、それを説明しながらみんなを案内する

学習コーナー／センター

教室の中や外にこんなアイデアは？

- アーティストのたまり場（絵を描いたり造形的なアート作品を作るためのアトリエ。紙、色鉛筆、絵具、筆、ハサミ、糊など、クリエイティブな活動用に様々な種類の材料を常備する。また、服や床を汚さずに作品作りに取り組めるように、古着や新聞紙なども用意しておく。流し台など水道の設備もあるとよい）

- 芸術作品ギャラリー（様々な種類のアート作品を集めた雑誌、作品集などを閲覧できる場所）

- 視聴コーナー（テレビ、ビデオ、コンピュータなどの視聴器を置き、芸術や空間についての学習教材が見られる場所）

- パターン・ワールド（あらゆる種類の色や形の幾何学模様、ブロック、モザイク、タイルなどを集めておき、それを使って何かを組み立てたり、すでにある模様を模倣したりできる場所）

- 建築事務所（子どもたちが建物の設計図を書き、模型を作れる場所。定規、三角定規、ブロック、糊、発泡スチロールなど、設計図と模型を作るために必要な材料をそろえる）

- 電子アーティスト（子どもが1人で、または数人のグループで設計に取り組み、それを3次元モデルに表せるアプリが入っているコンピュータが置かれた場所。プリンターも置いておくと、自分たちが考えた設計を他の子どもたちに見せることができる）

自然スマート

どんな人？

植物や動物が好き。自然や、自然の中にあるものを観察したり、収集したり、共通性や違いなどを発見することが得意。

大きくなったらこんな仕事に？

庭園デザイナー、ホリスティック医療従事者、農業、生物学者、花屋、庭師、動物飼育員、地形専門家、環境保全専門家、森林管理人、ボーイスカウトやガールスカウトの指導者など。

どんな特徴？

- 自然の中にいたり自然と触れ合うことで、様々なことを学ぶ
- 動物が好き
- 庭仕事が好き
- 植物を育てるのがうまい
- 自然界にあるものの名前を知りたがる
- 自然界の動植物の違いや共通性をよく見つける
- 動物や植物に対して忍耐強くよく見守る
- 動植物の間の関係性を見出し、それを仕分けできる
- 動植物がどんなふうに育ち、どういう行動をするのかなどについてよく知っている
- 自然について話をするのが好き

アクティビティ

このスマートを伸ばすアクティビティ

- 自然界についての動画を見る

- 川、湖、公園、海などに行く

- 動物園、農家、水族館、森などに行く

- ハイキングに行ったりキャンプをしたりする

- 自然現象を観察する

- 宇宙の惑星、星、流星などを観察する

- ものの変化や発達段階を観察して記録する

- 特徴をリストにする

- 分類のしかたを考える（色、大きさ、形、機能などで）

- 自然界にある、貝殻、木の葉、石などのものを実際に分けてみる

- 草花や野菜を植える（校庭）

- 木を植える

- ペットを飼う

課題

このスマートを伸ばす課題

- 動物に何かを教える
- 庭を設計する
- 自然についての動画を作る
- 観察の報告をする
- 動物について報告書を作る
- 自然現象について報告書を作る
- 自然スマートだったと思われる誰か有名な人について書く
- 何かのコレクションを作る
- 何か自然界での実験をする
- 動物を飼育する
- 小さなプラネタリウムを作る
- 自然についての写真を撮って記録したり説明したりする

発表のしかた

このスマートをいかした発表のしかた

- 何か集めたものを分類したり、カテゴリーに分けたりして、見せ、説明する

- 自分の観察について話したり何かを見せたりする

- 自分が動物に教えたことをみんなに実演してみせる

- 自然が私たちにとってなぜ大切なのかを説明する

- 植物や動物をプレゼンテーションで紹介する

- 学校の周りなどで、自然を観察するための散策路を考え、他の子どもたちを案内する

- 動物の住処としてふさわしい場所を見せる

- 自分で自然博物館を作って他の人を案内したり、収集したものについて説明したりする

 学習コーナー／センター

教室の中や外にこんなアイデアは？

- 自然センター（テレビで放映された自然に関する番組を録画したビデオや、それらの番組一覧を作って置いておく。子どもたちは、そこでビデオを視聴しながら気づいたことを書き留めたり、報告書に使ったりできる）

- 校庭（自分で選んだ草花、野菜、ハーブなどを植えたり、様々な植物の成長段階を観察しながら学ぶことができる。子どもたちは、植物に水や

りをしたり、庭を管理したりする。校庭の道具置き場には、植木鉢、肥料、貝殻、バケツ、タネなどを置く）

- 水槽（教室の中の水槽は水中の世界を学ぶ絶好の方法。海水の水槽は管理が難しいが、淡水の水槽はそれほど難しくない。子どもたちは、水槽を観察しながら、多くの水中生物について学び、その特性や縄張り行動、生物学的な濾過や機械を使った濾過、魚のストレスや病気、水の化学的な変化や水質検査などを学ぶことができる。水槽の管理や水中生物についても何冊か本を置いておく必要がある）

- 観察センター（望遠鏡、虫眼鏡、顕微鏡、カメラなどの観察のための道具や、植物、動物、石、化石、土壌サンプル、木の葉などを置いた場所。子どもたちが興味深い観察を記録したり、気づいたことを書き留めたり定期的に記録をするための用紙やノートも置く）

- 分類センター（様々な種類のボタンが一緒に入った大きな容器と、小さな容器をいくつかそろえておく。子どもたちは、大きな容器から取り出したボタンを床に広げ小さな容器をいくつか使って、大きさ、形、色、穴の数などを観察しながら分けていく。分類のどれにも当てはまらないものが出てきたら、もう一度分類のしかたを変えてやってみる。他に、貝殻、石、木の葉、木の実、パスタ、ねじ、豆、鉱物、昆虫の写真、押し花なども分類の練習のために置いておくとよい）

- 動物園（本物の動物を買って飼育する場所。動物に関する本や、例えば動物の生息地などについて書かれた情報カードなどを置く。動物の世話は子どもたちが交代で担当する。あまり飼育が難しくなく値段の安い動物として、ハツカネズミ、ハムスター、カメ、クモ、昆虫、魚、蛇、トカゲ、アリなどがある。ただし、アレルギーには気をつけましょう）

運動スマート

どんな人?

実用的なことや、実際に何かに取り組むことが好き。身体の動きやジェスチャーを使って考えたり、それらを使った活動が好き。顔の表情を変えたり、手振りや身体の動きが得意。

大きくなったらこんな仕事に?

サッカー選手、ダンサー、警察官、救助隊員、水泳教師、登山家、スノーボードやスキーの指導者、ダイバー、パイロットなど。

どんな特徴?

• 実際に何かをしながら学ぶ
• アクションや身体を動かすことが好き
• 工作、ダンス、演劇、スポーツが好き
• ものを実際に手に取って感じようとする
• なんでも必ず最初に自分で試してみないと気が済まない
• 長くじっと座っていることが苦手
• 長い時間口頭で説明されるのは嫌い
• よく「落ち着きがない」と言われる

アクティビティ

このスマートを伸ばすアクティビティ

- 何かの形を身体で表現する

- アイデアを身体の動きで表す

- 言葉ではなくジェスチャーで表現する

- 手話を学ぶ

- 踊りの振り付けを考えたり、実際に踊ったりする

- ジェスチャー遊びをする

- 動画を作る

- リスニング遊びを作る

- 言葉を使わない課題をする

- パロディや演劇の1シーンを演じる

- スポーツをする

- 機器類を組み立てる

- 動物を解剖したり、植物を部位ごとに分けたりする

- 縮尺模型を作る

- パズルをする

- 何かの小道具類を作る

- 実験をする

- 試合やスポーツのイベントに出かける

言語

論理・数学

空間

自然

運動

音楽・リズム

人間関係

内省

課題

このスマートを伸ばす課題

- 演劇をする
- 誰かのことを身体の動きで表す
- 縮尺モデルを作る
- イベントの出し物を作る
- 自分が何かを作る様子を人に見せる
- (スポーツなどの)実況報告をする
- 身体の動作能力を使った授業を考える
- 自分で動画撮影をする
- バレーの振り付けを考える
- 有名な人について何か書く
- 何かの出来事を身体の動きを使って表す
- 実験する
- パントマイムを作る
- レゴなどの組み立て材を使って何かを作る
- 収集したものを整理する
- ミニミュージアムを設置したりデザインしたりする

発表のしかた

このスマートをいかした発表のしかた

- 演劇をしてみせる

- 誰かのことを身体を使って表現する

- 縮尺模型を見せ、それについて話をする

- 何かの出し物を見せる

- 実演する

- （スポーツについての）報告を聞いてもらう

- 身体の動作能力を使って授業をする

- 自分で撮影した動画を見せる

- ダンスの発表をする

- 有名な人について話したり、その人の様子を演じたりする

- 何か起きた出来事を演じて見せる

- 実験をしてみせる

- 自分で組み立てたものを見せたりそれについて話す

- 自分で集めたコレクションについて話したり見せたりする

- 自分で作ったミニミュージアムに他の人を案内する

- 聴衆に何か実際にやってみるという課題を出す

- 聴衆に立って動いてもらう

学習コーナー／センター

教室の中や外にこんなアイデアは？

- ダンス・スタジオ（異なる時代や文化のダンスについて学ぶ場所。音楽に合わせて自分なりの表現でダンスの動きをしたり、振り付けをする）

- 物入れ（教室の中に小屋や棚を用意して、そこに全てのスポーツ用品や遊びの道具を入れておく。子どもたちは、外遊びのときなどにそこにあるものを使うことができる。例えば、縄跳び、ボール、ネット、ピンポン玉、テニスのラケット、野球のボール、バット、グローブなど）

- シアター（催しでの出し物や演劇などを練習したり、プレゼンテーションやショーを考えたりする場所。棚や大きな物入れを用意し、そこに衣装、靴、帽子、ドレス、カツラ、コート、ネクタイ、化粧の道具などを入れておく。鏡は不可欠。三脚に備え付けたビデオカメラも常備しておき、子どもたちがすぐに動画を撮って記録できるようにする）

- 実習センター（実際に手に取って試してみることのできるものをたくさん置いた場所。用途がわからないものに触れて何かを当てたり、珍しいものを組み立てたり、スペリングや数学や科学の知識を、実際に触ったりやってみることで何かを発見しながら学べる）

- ワークショップ（ものを解体したり、もう一度組み立て直したり、ただごちゃごちゃにしてみたりできる場所。ネジ回し、ペンチ、カギなど色々な道具を置いておく。セロテープ、接着剤、ナット、ネジ、ウッドメタル、針金、皮革類の他、解体できるラジオ、時計、トースター、テレビ、くるみ割り機、電話、缶切りなども）

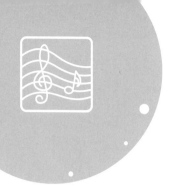

音楽・リズムスマート

どんな人？

音楽やリズムを聴いたり、自分で作るのが好き。歌手、楽器、ヒット曲など、音楽についての色々な情報にも興味がある。クラフト細工を作るとき、言葉を使うときにもリズムの感覚がある。また、計算をするときにもリズムを使ってやるのが好き（例えば九九を覚えるときなど）。

大きくなったらこんな仕事に？

歌手、音楽家、音楽教師、DJ、指揮者、詩人など。

どんな特徴？

- 音楽を学ぶときに役立てる
- 歌詞を簡単に覚える
- 音楽的な才能がある
- 楽器を弾ける
- 韻を踏んだ歌や詩が好き
- 音や響きに敏感
- 音楽を聴くのが好き
- 歌うのが好き
- コンサートに出かけるのが好き

アクティビティ

このスマートを伸ばすアクティビティ

- 何かのメロディを作る

- 音楽に関するコラージュを作る

- 音やメロディを模倣する

- 拍子に合わせてハミングしたり、手を叩いたり、指を鳴らしたり、何かを叩いたり、床を踏んだりする

- 歌や詩を作る

- 文章の意味を説明する

- 教材にある歌を聴く

- 歌を歌ったり、書いたりする

- 何かの歌の言葉を他の言葉で置き換えてみる

- 1人で何かの楽器を演奏する

- チームで音楽を演奏する(バンド演奏)

- デュエットやトリオやカルテットで歌う

- 音楽アプリを使う

- 楽譜や音符の記号、表現方法などを学ぶ

- 異なる時代、ジャンルの音楽を聴く

- コンサートに出かける

- 色々な音が聴けるスタジオに行く

課題

このスマートを伸ばす課題

- 音楽の評価をする

- 音楽家、楽器、異なる時代の音楽などについて学び報告する

- 楽器の演奏を学ぶ

- 楽器について学ぶ

- 何かを表現するのに音楽を使う

- ミュージカルを作る

- ラジオプログラムを作る

- 動画やスライドなどに音響効果を作って付ける

- 音楽の歴史の異なる時代について調べる

- 言葉遊びを歌にする

- 歌やラップを書く

- 校歌やクラスの歌を作詞する

- 誰か音楽スマートだったと思われる人について書く

発表のしかた

このスマートをいかした発表のしかた

- 何かを説明する際に音楽を使う

- 動画を見せる

- バックグラウンドミュージックを作る

- 動画やスライドなどに音響効果を作って付ける

- ミュージカルを上演する

- クラス全員で音楽を作る

- ソロやコーラスで歌う

- 楽器を使った出し物をする

- 音楽のスキルを他の人に説明する

- ラップで自分の話をする

- 何かの楽器を中央に置いて観察しながらサークル対話をする

学習コーナー／センター

教室の中や外にこんなアイデアは？

- 音楽図書センター（子どもたちが音楽のダウンロードデータやCDを自分で選びプレーヤーやヘッドフォンを使って聴ける場所。音楽を聴いた後に、自分の感想を書いたり、聴いていたときの気持ちを絵に表したりする。その音楽に合わせて身体を動かしたり踊ったりして、それについて話す。異なる時代や文化の音楽は、子どもたちの音楽の視野を広くし、音楽の異なるスタイルを尊重することを学ぶようになる）

- シンフォニー・コーナー（弾いたり、鳴らしたり、叩いたり、吹いたりする楽器を置いた場所。子どもたちは、1人で、または小グループで作曲に取り組む。楽器の音は、他の子どもたちにとっては気を散らせる雑音になるので、シンフォニー・コーナーは発泡スチロールを使って音を遮断しておくか、教室から離れたところに別に作るとよい）

- 録音スタジオ（ラップ、詞、歌、メロディ、楽器演奏などを録音する装置がある場所。パソコンのソフトを使って録音したり、CDを作ったりして演奏する。自分が歌ったり演奏したものを聴き直し、それを分析して、自分たちが本当に作りたい音に近づくようにもう一度やり直したりする。ここで、リスニング遊びをすることもできる）

- 電子ミュージシャン（60年代にはロックンロール、70年代にはディスコが流行ったが、現代の音はどんな音だろう？ また未来の音は？ 電子ミュージシャンは色々な音をコンピュータで作ることができる。自分で好きな音響効果や様々な音をも生み出せる。子どもたちも自分で新しい音を生み出すこともできるだろう）

言語

論理・数学

空間

自然

運動

音楽・リズム

人間関係

内省

人間関係スマート

どんな人？

誰かと一緒に仕事をしたり、誰かの世話をしたり、誰か他の人と学んだりすることが好き。誰かが世話や助けを必要としているときに、それにすぐに気づくことができる。そういう人の出しているサインにすぐに気づいて近づいていく。コミュニケーションを取ったり、誰かとコンタクトを取ったり、深く関わったり、言葉を交わし合ったりするのがうまい。

大きくなったらこんな仕事に？

ディレクター、マネージャー、コーチ、教員、プロジェクトリーダーなど。

どんな特徴？

- 協働することから学ぶ
- 誰かからフィードバックを受けることが好きで、他の人の意見に敏感
- 自分の行動をうまく状況に合わせられる
- 他の人の立場に立って考えられる
- 仲間を大切にする
- 他の人にうまく合わせられる
- チームプレーヤーでグループワークを喜んでする
- その場の雰囲気に敏感
- 他の人のことをよく理解する
- 対立をうまく解決できる
- 余暇には、誰か他の人と過ごす

アクティビティ

このスマートを伸ばすアクティビティ

- 何かのテーマについて他の人と話す

- 他の人が言ったことの要約をする

- クラスメートに授業する

- 誰かにインタビューする

- 一緒に課題をしたり報告書を書いたりする

- 本当の対立や、仮定の対立の解決をする

- チームの中で起きている問題を解決する

- ロールプレイをする

- パーティ、遠足、イベントなどを企画して実施する

- グループで起きたことの記録を書く

- 協働がうまくできるための5つのルールを考える

- アイデアボックスを使う

- 警察署を見学に行く

- 史跡を見学に行く

- ボードゲームなどを使って他の人と遊ぶ

- データベースを調べたり、メールを書いたりする

課題

このスマートを伸ばす課題

- 動物飼育員や動物園の訪問客など、テーマに関する人やものについて多面的な角度から見る

- イベントやパーティの準備をする

- 他の人を手伝ったり助けたりする

- インタビューを考える

- トークショーやゲーム番組を作る

- グループで動画を作る

- 何か社会問題を発表し、その問題の解決策を考える

- 誰か人間関係スマートだと思われる人について書く(司会者、インタビューアー、仲介者など)

- 意見や好みなどについての調査をする

- 共同プロジェクトで仕事をする

発表のしかた

このスマートをいかした発表のしかた

- 発表の際、聞いている人の中から誰かを選んで手伝ってもらう

- 聴衆同士のコンタクトを取れるようにする

- 聴衆に何か一緒にやってもらう

- サークル遊びを企画する

- 聞いている人に、そこで取り扱っているテーマについて何か話してもらう

- プレゼンテーションを異なるパートに分ける

- パーティを開催する

学習コーナー／センター

教室の中や外にこんなアイデアは？

- おしゃべりコーナー（子どもたちが、他の人の邪魔にならないように小声でお喋りができる場所。座り心地のよいソファーを2つ向かい合わせに置くか、小さなテーブルの周りにクッションを置いておいてもよい。ここで子どもたちは、お互いに向かい合わせに座って、課題の計画を一緒に立てたり、テーマについて意見を交換したり、プレゼンテーションのしかたについて異なる立場から議論したりする）

- ゲームセンター（棚に色々な遊び道具を置き、テーブルや床でそれを使って遊ぶことができる。棚にはまた、ボードゲームやパズルなど種々の知育・学習玩具を置き、一緒に遊んだら元のところにしまうようにする。また、遊びの記録ブックをつけ、自分自身と他の人が遊びを通して何を学んだかを書いておくことができる。そうすることで、子どもたちは、心地よい方法でお互いに関わり合いながら、自身の多面的な知能を発達させることができる）

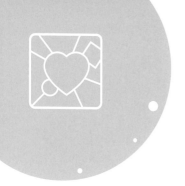

内省スマート

どんな人？

他の人から離れていたり、静かにしていたり、何かについて振り返ったり、内面的な経験や思いを見つめ直す機会を持つことが好き。感情、意見、好み、希望など、自分の「内なる世界」にとても強くとらわれている。

大きくなったらこんな仕事に？

哲学者、心理学者、アドバイザー、メンタル・コーチ、（宗教的な）リーダーなど。

どんな特徴？

- 批判的思考を通して学ぶ
- 哲学的な思考が好き
- 誰か他の人が言うことをそのまま鵜呑みにしない
- 色々なことについて自分の立ち位置を明確にする前に、様々な側面から見直してみる
- 存在の意味について考える
- 自分自身のことを振り返って考える
- よく物思いにふけっていると人から見られている
- 自分1人でも飽きることがない
- 時々、目立った意見を言う
- 日記を書くのが好き
- 空想や夢に深く入り込むことができる
- 自分だけのプライベートな場所を持ちたがる
- 何かに反応する前に、よく考える時間が必要

アクティビティ

このスマートを伸ばすアクティビティ

- 誰か他の人と一緒に哲学的に思考する
- 他の人から離れて1人で瞑想する
- 日記や記録を書く
- 個人的な詩を書く
- ポートフォリオを作る
- アルバムを作る
- 空想の物語を考える
- アクションプランを作る
- 夢について書き、それを分析する
- 自伝を書く
- 自分の個人的な意見をまとめる
- 授業で学んだことと自分の個人的な経験とを関係付ける
- 何かのテーマについて自分の感情を書く
- 「やらなければならないことリスト」を作る
- 自分で目標を立て、その目標が達成できるように仕事を進める
- 私ブックや私ボックスを作る
- 人生プランを道路のように描く
- 高等専門学校や大学を訪問する

課題

このスマートを伸ばす課題

- 日記を書く

- 記録を書く

- ポートフォリオを作る

- 自伝を書く

- 空想的な物語を作る

- アクションプランを立てる

- 夢の分析をする

- 自分の個人的な意見を書く(自分についてのコラム)

- 「私はこう思う」と言う壁新聞を作る

- 絵を描く

- ルールリストを作る

- (政党などの)政策プログラムを作る

- 自画像を描く

- 誰か有名な内省スマートの人について描く

発表のしかた

このスマートをいかした発表のしかた

- 夢の分析をプレゼンテーションする
- 自分自身についての何かをクラスの人と共有する
- 議論していることについて自分の個人的な見解を言う
- 自分の立場を擁護する議論をする
- 自分の記録や日記をみんなの前で読む
- 自分のポートフォリオを見せる
- 瞑想やリラックスのテクニックを説明する
- 自分がどんな人かを書いて表す
- 自分についての動画を見せる
- 自画像を見せる
- 自分の計画や目標を話す
- 自伝を発表する
- 私ボックスや私ブックをプレゼンテーションする
- 道路のように描いた自分の人生プランの絵を見せる
- グループの仲間に哲学的に考えさせる

学習コーナー/センター

教室の中や外にこんなアイデアは？

- シンクタンク（子どもたちは自分の課題を1人でしたり、1人で思考する
  ために、シンクタンクに行く。シンクタンクは、教室の中でも、できる限
  り気が散らないように工夫された場所。「おしゃべりコーナー」とは対
  局の場所に置かれる。シンクタンクには、気を散らさないように耳栓を
  置き、子どもたちが1人っきりになれるように場所を小さく区切る。ここ
  で、子どもたちは静かに本を読みふけったり、日記を書いたり、自分の
  その日の気持ちや学びを振り返って考えてみたり、宿題を計画したり、
  自分自身の学びの目標は何かと考えたり、静かに瞑想したりすること
  ができる。別名、静寂センター）

違っているから学び合える、
違っているから楽しい、
そんな教室や学校を

リヒテルズ 直子

野に咲く花々のように

　春や秋の野原に出ていくと、数え切れないほどたくさんの種類の植物が芽を出し、花を咲かせているのに気づきます。色どりや丈の違い、葉の形容の違いに触れ、心が癒されるものです。たくさんの種類の草花があればあるほど、それぞれに近づいてくる昆虫の種類も増えます。

　人間の社会も、そんなふうに、1人ひとりが、持って生まれた才能を最大限に開花させ、自分らしくあるがままに、そして、社会の中でなくてはならない1つの役割を演じられたならば、社会は、誰にとっても居心地のよい場所になると思います。

　私たちは、これまで、学校の中で、基礎学力と言われる算数や国語など、テストをして点数で測れる力だけをあまりに重視してきたのではないでしょうか？その結果、1人ひとりの子が、自らの隠れた才能を開花させるチャンスを奪ってきたのではないでしょうか？

シェークスピアにサッカーボールは蹴れない

　サッカー選手に本を書けと言っても、シェークスピアや村上春樹の真似はできないでしょう。でも、シェークスピアや村上春樹にサッカーボールをうまく蹴ることができたでしょうか。指揮者にスコップを渡しても、土を上手く耕すことはできないかもしれません。

私たちは、誰も彼もが本を書くことだけがうまくなったり、サッカーの選手になったり、オーケストラの指揮者になるような社会を望んではいません。皆が、それぞれに自分のよさを発揮するからこそ、社会は豊かなものになり、お互いにお互いを尊重して共に生きることの意味を感じられるようになるのではないでしょうか。

　あなたは、今、教室に座っている子どもたちが、将来、どんな人になっていくと思いながら育てていますか？　小説家、スポーツマン、園芸士、動物学者、組織のリーダー、哲学者、ダンサー、ジャーナリスト、シェフ…。活躍の場は無限にあります。それとも、どの子も皆、テストでよい点をとって有名大学に進学してくれるといいなあ、と思いながら子どもたちと関わっているのでしょうか。

　小さくても、陽の光を全身で浴びて辺りを明るくする花もあります。何年もの時間をかけてゆっくりと、でも、大きく育ってみんなのために木陰を作ってくれる大木もあります。子どもたちも同じです。色も形も性質もみんな違うものが集まって、お互いの持っているものに助けられ、自分の力を周りの人たちに認められる、そんな社会に向けて子どもたちを育てていきたいものです。

子どもにレッテルを貼らないで

　こんなふうに、どの子どもにも皆、他の人と取り替えることができない大切な特性があるのです。

　しかし、同時に、学校の先生や保護者の皆さんに、くれぐれもお願いしておきたいことがあります。それは、「まだ、生まれて10年にも満たない子どもたちに、早々とレッテルを貼るという落とし穴にはまらないで欲しい」ということです。

　子どもたちには、まだまだ、誰からも引き出されていない隠れた才能が隠れています。ですから、「この子は○○スマートなんだ」と早々と決めつけるのではなく、まだ見えない能力、まだ引き出されていない隠れた才能を引き出すように、子どもたちを上手に誘っていきましょう。よい先生とは「誘惑することが上手い人だ」というのは、オランダの有名な教育学者ルック・スティーブンスの言葉です。

大人である皆さんも、8つのスマートのうち、自分はどれが得意な分野か、一度ぜひ振り返ってみるとよいでしょう。そして、1、2年の時間をおいて、もう一度、自分の得意な分野を振り返ってみてください。おそらく、自分のスマートが、前とは少し違ったものになっていることに驚かれることがあると思います。

文章を書くのが得意だと思っていたのに、何かのきっかけで自信を失うこともあります。植物に興味すらなかったのに、ふとしたきっかけで菜園を始め、大根やトマトを上手に育てているかもしれません。こういう変化が起きるのは、私たち大人も、絶えず学び、絶えず成長しているからなのです。

今、目に見えて優れた才能を発揮している子に、その能力を認めることは、その子が自己肯定感を持つきっかけとなります。まずは、ぜひ、その子の得意なところを認めて、自己肯定感を高めてください。そうすれば、自分の足りないところ、苦手なところに挑戦していく力となります。自分にできないことができる周りの子どもたちの素晴らしさも尊重できるようになるでしょう。

子どもを観察する目を広げ、教え方や環境を多様にする

もう1つ、先生たちにお願いです。学校の校舎の中や外に、たくさんの豊かな環境を用意し、子どもたちが自分から進んで触れにいく自由を認めてほしいのです。隠れていた才能が開かれるのは、そういうチャンスとの出会いからです。

本嫌いの子は、実は、本が1冊もない家庭に生まれ育ったのかもしれません。都会の狭いアパートに暮らしている子は、動物と身近に触れ合ったことがないのかもしれません。友だちをうまく作れないのは、その子が1人っ子だからかもしれません。

教職員や保護者もお互いのスマートを意識して

みんながなんでもできなければならないわけではありません。自分が得意なことをみんなに提供し、できないことはできる人の力に頼む、そういう関係が、学校の職員の間にあっても構わないのではないでしょうか?

本好きの先生は、自分の学びは本からだったので、子どもたちが学ぶのも「教科書からだ」と思い込んでしまっているかもしれません。でも、本が嫌いでも、絵や写真や動画や人の身振りからも学ぶ人はたくさんいます。「数が苦手」という先生は、算数を教えるのが億劫。だったら、算数が得意な先生と相談して、算数の指導だけ交代してはどうでしょう?

　先生たちだけの力では手に負えないことでも、保護者の中に力を発揮してくれる人がいるかもしれません。1人の子どもは、親、祖父母、おじさん、おばさん、近所の人や知り合いの人、いとこや兄弟姉妹などなど、何十人もの人たちの繋がりの中で生きているのです。そう考えれば、今まで思ってもみなかった宝の山が、学校の周りにあることに気づくことでしょう。

学校は、大人が子どもと一緒にインクルーシブな生き方を学ぶ場

　マルチプル・インテリジェンスの考え方は、大人が子どもたちを見る目を広げてくれます。それは、誰かより上、誰かより下と、序列で人を見るのではなく、あの子は、こういうところが優れているのだ、大人になったらこんな仕事につくのかもしれないなあ、といったインクルーシブで(お互いの違いを認め合った)温かい眼差しです。

　また、大人同士がお互いの強みや弱みに気づくきっかけにもなります。人は皆凸凹しているし、凸凹していてちっとも構わない。それが、お互いの個性を認め合うことであり、お互いの力を借りて協力して一緒に物事を成し遂げる共生社会の姿であるからです。

　かつて、子どもを育てるのには、村1個が必要だと言われていました。でも、今、村を育てるために子どもたちが必要なのです。学校は、大人たちを繋ぎ、大人たちにインクルーシブな生き方を教える絶好の場所でもあるのです。

　今回、翻訳版としては初めて日本語版が出版されることとなりました。学校教育や子育てに関わっている皆さんに、マルチプル・インテリジェンスの考えに基づいた授業や教室づくりのアイデアを提供することで、子どもたちの個性や隠れた可能性に気づき、これまでとは異なる関わり方をするためのヒントを得ていただきたいと思いました。

　現実に目を向けると多くの学校が、いまだに国語や算数にばかり力を入れ、そのためにたくさんの子どもたちが、学びづらい思いで苦しんでいます。

　教科書や練習帳などの出来合いの教材では、子どもたちが、何をどんなふうに学ばなければならないかについては、教材を作った著者たちが前もって決めてしまっています。それは大半の場合、鉛筆とノートを使って、書いて学ぶというものです。その結果、たいていは、国語や算数が得意な子どもが、よくできる生徒ということになってしまっているのです。

　大人たちの最大の役割は、子どもたちが楽しく学べるようにすることです。子どもたちの学びの環境をほんとうに心地よい豊かなものにすることができるかどうかの鍵は、毎日子どもたちと接している教員であるあなたが握っています。

　このブックレットをぜひ活用して、子どもたちが学びを苦しみと考えて止めてしまうことなく、一生楽しく学び続けられるように、また、自らの才能や興味に気づき、自己肯定感を育てることで、不得意なことや困難なことにも果敢に取り組めるように、支えてあげてください。

　彼らが、やがて、私たちの地球社会をよりよい場にしていくために積極的に喜んで働く人となることを願ってやみません。

2021年11月末日　リヒテルズ 直子

著者・訳者紹介

著者

ヒュバート・ウィンタース　Hubert Winters
1952年オランダ・ロビト生まれ。アルンヘム市のインスラ・デイ教員養成大学に学ぶ。イエナプラン小学校で教員と校長を経験。校長資格研修も受ける。現在は、JAS（イエナプラン・アドバイス＆スクーリング社）の設立者として学校サポーター、コーチ、現職教員向け研修講師、イエナプラン専門教育学者。

訳者

リヒテルズ 直子　Naoko Richters
九州大学大学院修士課程（比較教育学）及び博士課程（社会学）単位取得修了。1996年よりオランダに在住。オランダの教育及び社会について著作・論考を発表。「一般社団法人日本イエナプラン教育協会」特別顧問。日本での講演やワークショップ、シンポジウム、オンライン講演・研修のほか、オランダでは、日本人向けのイエナプラン研修や視察を企画・コーディネートしている。著書に『手のひらの五円玉　私がイエナプランと出会うまで』『祖国よ、安心と幸せの国となれ』（以上ほんの木）、『オランダの個別教育はなぜ成功したのか ── イエナプラン教育に学ぶ』（平凡社）、『今こそ日本の学校に！ イエナプラン実践ガイドブック』（教育開発研究所）、共著に、『親子が幸せになる　子どもの学び大革命』『いま「開国」の時、ニッポンの教育』（以上ほんの木）、『公教育をイチから考えよう』（日本評論社）など著書多数。イエナプランを学ぶ人のための教科書『イエナプラン　共に生きることを学ぶ学校』子どもたちの「対話力、考える力」を引き出す『てつがくおしゃべりカード』『てつがく絵カード』（以上ほんの木）日本語版翻訳者。

マルチプル・インテリジェンスに学ぶ

見つけよう、引き出そう 1人ひとりの子の才能(スマート)

著/ヒュバート・ウィンタース　Hubert Winters

訳/リヒテルズ 直子 © Naoko Richters

2021年12月25日　第1刷発行

発行人	高橋 利直
発行所	株式会社ほんの木
	〒101-0047
	東京都千代田区内神田1-12-13
	第一内神田ビル2階
	TEL.03-3291-3011
	FAX.03-3291-3030
	https://www.honnoki.co.jp
	E-mail info@honnoki.co.jp
編　集	岡田 承子/永田 聡子
ブックデザイン	後藤 裕彦(ビーハウス)
写　真	パトリシア・S・デイクストラ・リヒテルズ
	(Patricia S.Dijkstra-Richters)
印　刷	中央精版印刷株式会社

ISBN 978-4-7752-0132-9　Printed in Japan

原版発行:Jenaplan Advies & Scholing(JAS)(オランダ王国ドレンテ州エヒテン市)
原版著者:ヒュバート・ウィンタース(Hubert Winters)

子どもたちの「考える力」と「対話力」を伸ばす

学校でも
ご家庭でも
てつがくカード

てつがくおしゃべりカード

原作 ファビアン・ファンデルハム
日本語版訳 リヒテルズ直子
1,800円（税別）

カードには、かわいいイラストと問いが
1つずつ書かれています。子ども同士で
も使えます。対象年齢6歳以上。

てつがくおしゃべりカード50枚、説明書

放課後フリースクールを運営してます。
このカードを使用し始めてから、子ども
たちの自己肯定感が高まってきたように
感じました。　（神奈川県 S・Eさん）

てつがく絵カード

原作 ファビアン・ファンデルハム
日本語版訳 リヒテルズ直子
2,500円（税別）

少し小さな子どもたちと哲学するための
カードです。大人が進行役になって使い
ます。対象年齢4歳以上。

てつがく絵カード50枚、説明書

家庭で、子どもと一緒にいる時間が多く
なった中で、「てつがくカード」はとて
も重宝しています。子どもたちも楽しん
でいます。　（兵庫県 M・Hさん）

『てつがくおしゃべり』しませんか？

　5、6歳のお子様から90歳、100歳になっても誰でも楽しめるてつがくおし
ゃべり。予備知識は必要ありません。カードのどんなテーマを選ぶかはそ
の時の気分次第。ご家庭、お友だち同士や地域の集まり、学校や幼稚園、保
育園、高齢者施設など様々な場所でご活用いただけます。

　出張「てつがく対話」も承っております。
お問い合わせは、ほんの木まで。

てつがく対話の様子を
お聞きいただけます。
ほんの木YouTubeサイト

イエナプラン 共に生きることを学ぶ学校

A5サイズ　2色刷
256ページ

フレーク・フェルトハウズ、ヒュバート・ウィンタース 著
リヒテルズ 直子 訳　3,300円（税別）

本書は、イエナプランの教育ビジョンを実践するための、オランダで刊行された最新のイエナプラン教本の日本語訳書。イエナプランの起こりや理念、50年以上の研究や応用を基にした実践例や様々なアイデア、イエナプランを深く発展させるための要点が書かれています。

イエナプランを初めて知る人、もっと学びたい人の必読書。

手のひらの五円玉　私がイエナプラン に出会うまで

四六　176ページ

リヒテルズ 直子 著
1,300円（税別）

学びとは何か？　なぜイエナプランに惹かれたのか？　初めてバスに乗ってお使いに行った時、その手には穴の開いた五円玉が一つ。それは自立の象徴？　育んでくれた故郷から翔びたった世界。アジア、アフリカ、そして夫の国オランダ。そこで出会った多くの人々との交流から著者が受け取ったメッセージとは。いま子育て中の方、そして教育に携わるすべての方に贈る、書下ろしエッセイ。

『イエナプランを学ぶオンライン講座』2022年、開講！

2021年から始まった「イエナプランを学ぶオンライン講座」。
講師は、オランダ在住のリヒテルズ直子さんです。
2022年は、「初心者のための基礎編」「実践者のための応用編」に加え「組織や団体で参加するチーム研修」を新たに開講する予定です。
開講日や詳細につきましては、お問い合わせください。

お問い合わせ：ほんの木 TEL 03-3291-3011　FAX 03-3291-3030
Eメール：jena@honnoki.co.jp